школа - école	2
подорож - voyage	5
транспорт - transport	8
місто - ville	10
ландшафт - paysage	14
ресторан - restaurant	17
супермаркет - supermarché	20
напої - boissons	22
їжа - aliments	23
ферма - ferme	27
дім - maison	31
вітальня - salle de séjour	33
кухня - cuisine	35
ванна кімната - salle de bains	38
дитяча кімната - chambre d'enfant	42
одяг - vêtements	44
офіс - bureau	49
економіка - économie	51
професії - professions	53
інструменти - outils	56
музичні інструменти - instruments de musique	57
зоопарк - zoo	59
спорт - sports	62
дії - activités	63
сім'я - famille	67
тіло - corps	68
лікарня - hôpital	72
аварійний випадок - urgence	76
Земля - Terre	77
годинник - heure	79
тиждень - semaine	80
рік - année	81
форми - formes	83
фарби - couleurs	84
протилежності - opposés	85
числа - nombres	88
мови - langues	90
хто / що / як - qui / quoi / comment	91
де - où	92

Impressum
Verlag: BABADADA GmbH, Nedderfeld 112 , 22529 Hamburg
Geschäftsführer / Verlagsleitung: Harald Hof
Druck: Books on Demand GmbH, In de Tarpen 42, 22848 Norderstedt

Imprint
Publisher: BABADADA GmbH, Nedderfeld 112 , 22529 Hamburg, Germany
Managing Director / Publishing direction: Harald Hof
Print: Books on Demand GmbH, In de Tarpen 42, 22848 Norderstedt

школа
école

- ділити / diviser
- дошка / tableau
- класна кімната / salle de classe
- шкільний двір / cour d'école
- вчитель / enseignant
- папір / papier
- ручка / stylo
- писати / écrire
- письмовий стіл / bureau de travail
- лінійка / règle
- книга / livre
- учень / écolier

ранець
sac d'écolier

пенал
trousse

олівець
crayon

точило
taille-crayon

гумка
gomme à effacer

альбом для малювання
bloc de papier à dessin

малюнок
dessin

пензель
pinceau

коробка фарб
boîte de peintures

ножиці
ciseaux

клей
colle

зошит
cahier d'exercices

домашнє завдання
devoirs

число
chiffre

додавати
additionner

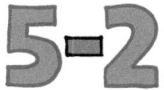

віднімати
soustraire

множити
multiplier

рахувати
calculer

літера
lettre

абетка
alphabet

слово
mot

школа - école

текст
texte

читати
lire

крейда
craie

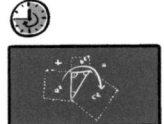

година
leçon

класний журнал
le cahier de notes

екзамен
examen

диплом
certificat

шкільна форма
uniforme scolaire

освіта
éducation

лексикон
encyclopédie

університет
université

мікроскоп
microscope

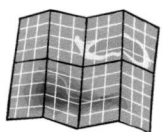

карта
carte

кошик для паперу
corbeille à papier

школа - école

подорож
voyage

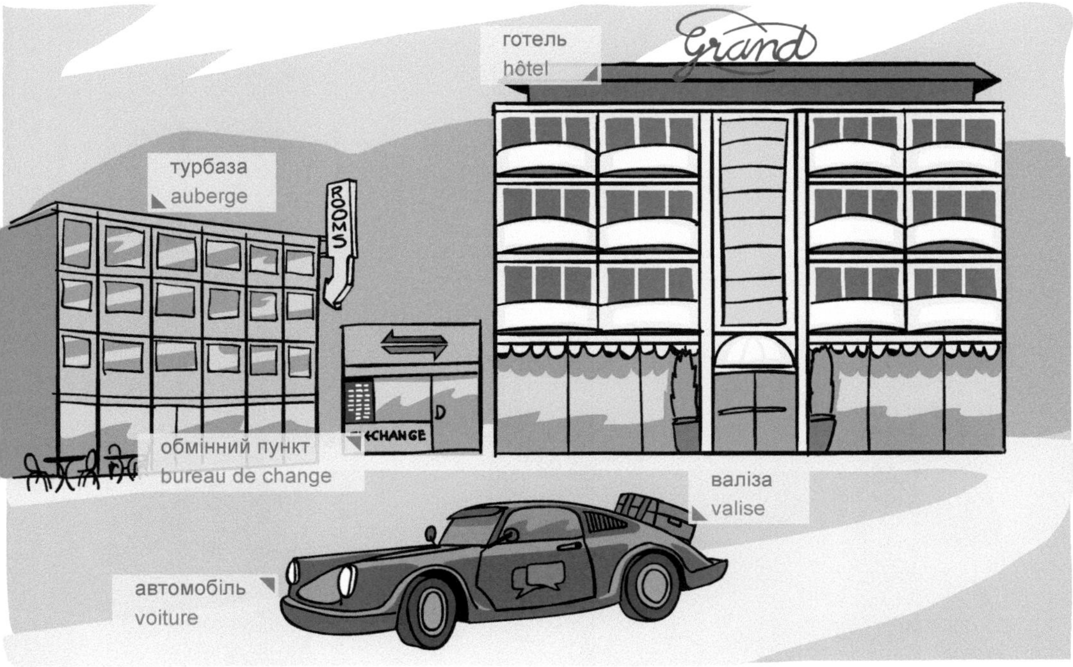

готель
hôtel
Grand
турбаза
auberge
ROOMS
обмінний пункт
bureau de change
EXCHANGE
валіза
valise
автомобіль
voiture

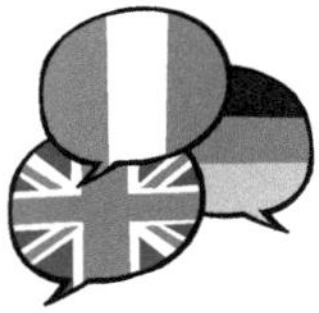

мова

langue

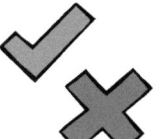

так / ні

oui / non

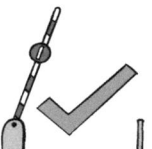

добре

Okay

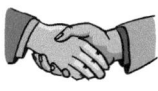

привіт

Allo!

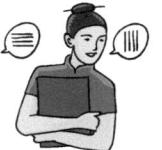

перекладач

traducteur

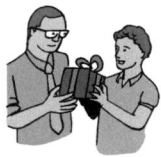

дякую

Merci

Скільки коштує ...?
Combien coûte...?

Я не розумію
Je ne comprends pas

проблема
problème

Добрий вечір!
Bonsoir !

Доброго ранку!
Bonjour !

На добраніч!
Bonne nuit !

До побачення
bye bye

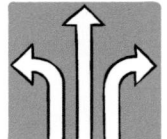

напрямок
direction

багаж
bagages

сумка
sac

рюкзак
sac à dos

гість
invité

кімната
pièce

спальний мішок
sac de couchage

намет
tente

подорож - voyage

туристична інформація
bureau d'information touristique

пляж
plage

кредитна картка
carte de crédit

сніданок
déjeuner

обід
dîner

вечеря
souper

квиток
billet

ліфт
ascenceur

поштова марка
timbre

межа
frontière

митниця
douane

посольство
ambassade

віза
visa

паспорт
passeport

подорож - voyage

транспорт
transport

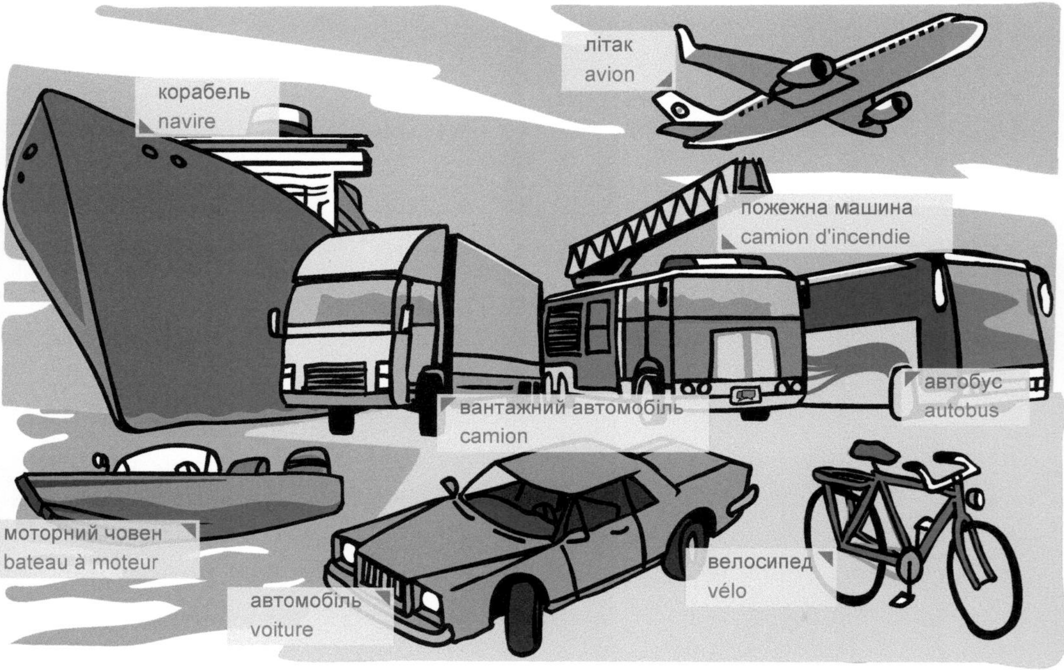

корабель
navire

літак
avion

пожежна машина
camion d'incendie

автобус
autobus

вантажний автомобіль
camion

моторний човен
bateau à moteur

автомобіль
voiture

велосипед
vélo

пором
traversier

човен
bateau

мотоцикл
motocyclette

поліцейська машина
voiture de police

гоночний автомобіль
voiture de course

автомобіль на прокат
voiture de location

спільне користування авто

autopartage

евакуатор

dépanneuse

сміттєвоз

camion à ordures

двигун

moteur

паливо

carburant

автозаправна станція

station-service

дорожній знак

panneau de signalisation

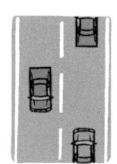

рух

circulation

затор

embouteillage

стоянка

parc de stationnement

вокзал

gare

рейки

voies ferrées

потяг

train

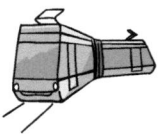

трамвай

tramway

вагон

wagon

транспорт - transport

гелікоптер
hélicoptère

аеропорт
aéroport

вежа
tour

пасажир
passager

контейнер
conteneur

коробка
boîte en carton

візок
chariot

кошик
panier

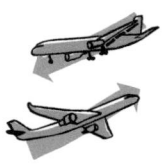

стартувати / приземлятися
décoller / atterrir

місто
ville

село
village

центр міста
centre-ville

дім
maison

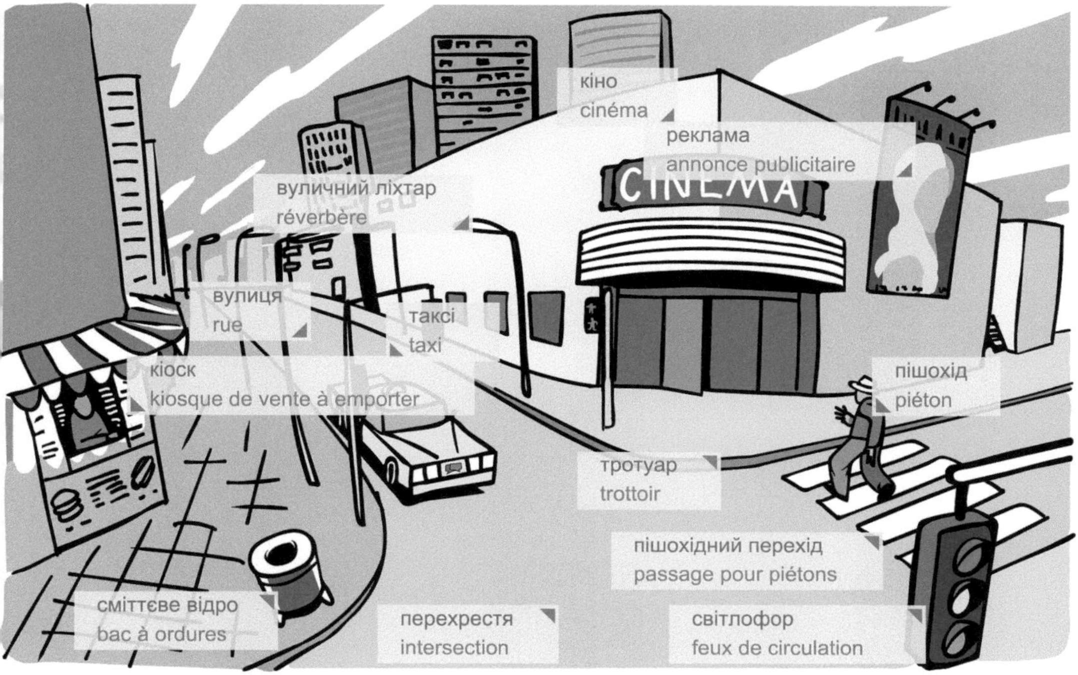

	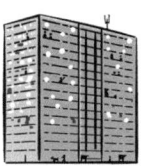	
хатина	квартира	вокзал
cabane	appartement	gare

ратуша	музей	школа
hôtel de ville	musée	école

місто - ville

університет

université

банк

banque

лікарня

hôpital

готель

hôtel

аптека

pharmacie

офіс

bureau

книжковий магазин

librairie

магазин

magasin

квітковий магазин

fleuriste

супермаркет

supermarché

ринок

marché

універмаг

grand magasin

торговець рибою

poissonnerie

торговельний центр

centre commercial

гавань

port

місто - ville

парк
parc

лава
banc

міст
pont

сходи
escaliers

метро
métro

тунель
tunnel

автобусна зупинка
arrêt d'autobus

бар
bar

ресторан
restaurant

поштова скринька
boîte à lettres

вулична табличка
plaque de rue

лічильник паркування
parcomètre

зоопарк
zoo

басейн
bains publics

мечеть
mosquée

ферма
ferme

забруднення навколишнього середовища
pollution

кладовище
cimetière

церква
église

дитячий майданчик
aire de jeux

храм
temple

ландшафт
paysage

- листок — feuille
- вказівний стовп — panneau indicateur
- шлях — chemin
- луг — pré
- камінь — pierre
- дерево — arbre
- мандрівник — randonneur
- річка — rivière
- трава — herbe
- квітка — fleur

долина
vallée

гора
colline

озеро
lac

ліс
forêt

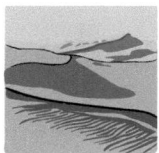
пустеля
désert

вулкан
volcan

замок
château

веселка
arc-en-ciel

гриб
champignon

пальма
palmier

комар
moustique

муха
mouche

мурашка
fourmi

бджола
abeille

павук
araignée

ландшафт - paysage

жук
scarabée

жаба
grenouille

вивірка
écureuil

їжак
hérisson

заєць
lièvre

сова
chouette

птах
oiseau

лебідь
cygne

кабан
sanglier

олень
cerf

лось
orignal

гребля
barrage

вітряк
éolienne

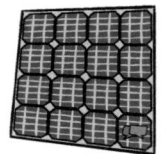
сонячний модуль
panneau solaire

клімат
climat

ландшафт - paysage

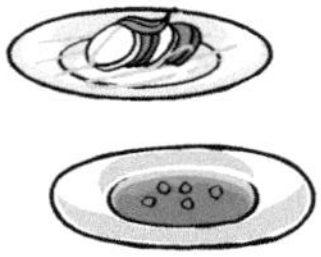

ресторан
restaurant

закуска
hors-d'œuvre

друга страва
plat principal

десерт
dessert

напої
boissons

їжа
aliments

пляшка
bouteille

фаст-фуд
restauration rapide

вулична їжа
cuisine de rue

чайник
théière

цукорниця
sucrier

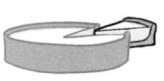

порція
part

еспресо-машина
machine à expresso

високий стільчик
chaise haute d'enfant

рахунок
facture

піднос
plateau

ніж
couteau

вилка
fourchette

ложка
cuillère

чайна ложка
cuillère à thé

серветка
serviette

склянка
verre

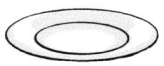
тарілка
assiette

тарілка для супу
assiette creuse

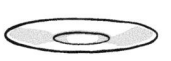
блюдце
soucoupe

соус
sauce

солонка
salière

млин для перцю
moulin à poivre

оцет
vinaigre

масло
huile

спеції
épices

кетчуп
ketchup

гірчиця
moutarde

майонез
mayonnaise

ресторан - restaurant

супермаркет
supermarché

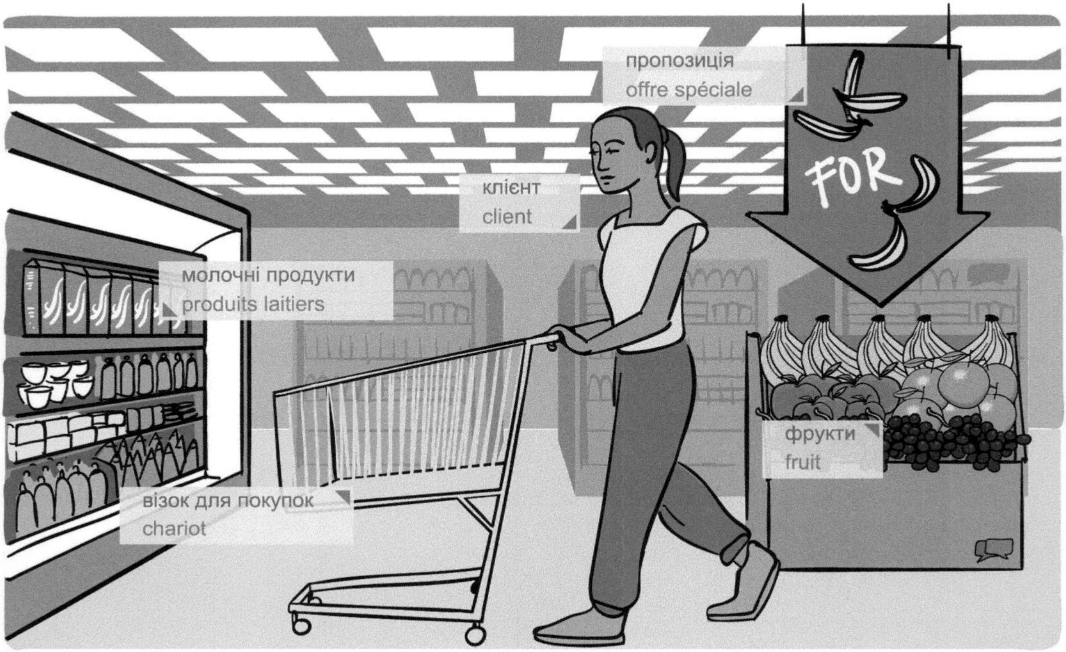

пропозиція
offre spéciale
FOR
клієнт
client
молочні продукти
produits laitiers
фрукти
fruit
візок для покупок
chariot

BUTCHERS

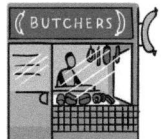

м'ясний магазин

boucherie

BAKERY

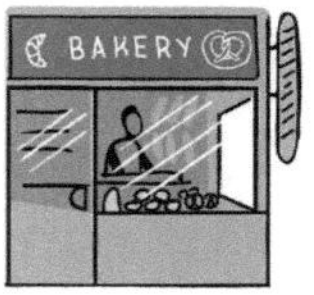

пекарня

boulangerie

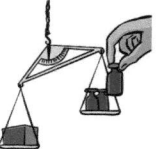

зважувати

peser

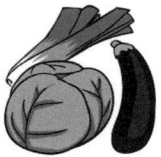

овочі

légumes

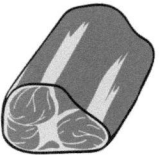

м'ясо

viande

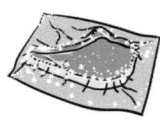

заморожені продукти

aliments congelés

ковбасна нарізка
viandes froides

консерви
conserves

пральний порошок
détergent à lessive en poudre

солодощі
sucreries

предмети домашнього побуту
produits d'entretien ménager

мийний засіб
produits d'entretien

продавщиця
vendeuse

каса
caisse

касир
caissier

список покупок
liste de provisions

часи роботи
heures d'ouverture

гаманець
portefeuille

кредитна картка
carte de crédit

сумка
sac

поліетиленовий пакет
sac plastique

супермаркет - supermarché

напої
boissons

вода
eau

сік
jus

молоко
lait

кола
cola

вино
vin

пиво
bière

алкоголь
alcool

какао
cacao

чай
thé

кава
café

еспресо
expresso

капучіно
cappuccino

їжа
aliments

банан
banane

яблуко
pomme

апельсин
orange

кавун
melon d'eau

лимон
citron

морква
carotte

часник
ail

бамбук
bambou

цибуля
oignon

гриб
champignon

горішки
noix

локшина
nouilles

спагеті	рис	салат
spaghettis	riz	salade

картопля фрі	смажена картопля	піца
frites	pommes de terre sautées	pizza

гамбургер	бутерброд	шніцель
hamburger	sandwich	escalope

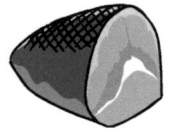

шинка	салямі	ковбаса
jambon	salami	saucisse

курка	печеня	риба
poulet	rôti	poisson

їжа - aliments

 вівсяні пластівці gruau d'avoine	 мюслі muesli	 кукурудзяні пластівці flocons de maïs
 борошно farine	 круасан croissant	 булочка petit pain
 хліб pain	 тостовий хліб rôtie	 печиво biscuits
 масло beurre	 сир caillé	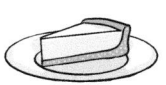 пиріг gâteau
 яйце œuf	 яєчня œuf miroir	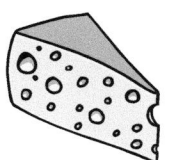 сир fromage

їжа - aliments

морозиво	цукор	мед
crème glacée	sucre	miel

мармелад	нуга-крем	карі
confiture	crème de nougat	cari

ферма
ferme

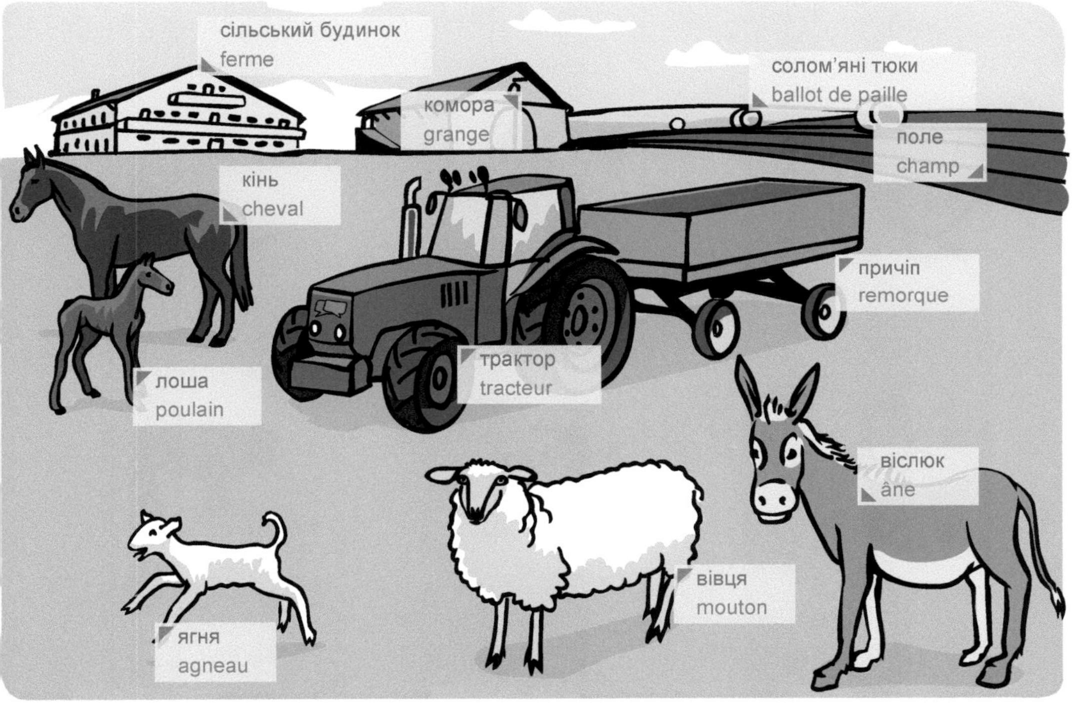

сільський будинок / ferme
комора / grange
солом'яні тюки / ballot de paille
поле / champ
кінь / cheval
причіп / remorque
лоша / poulain
трактор / tracteur
віслюк / âne
вівця / mouton
ягня / agneau

коза
chèvre

корова
vache

теля
veau

свиня
porc

порося
porcelet

бик
taureau

ферма - ferme

гусак
oie

качка
canard

курча
poussin

курка
poule

півень
coq

щур
rat

кіт
chat

миша
souris

віл
bœuf

собака
chien

собача будка
niche

садовий шланг
tuyau d'arrosage

лійка
arrosoir

коса
FALSE

плуг
charrue

ферма - ferme

серп
faucille

мотика
binette

вила
fourche à foin

сокира
hache

тачка
brouette

корито
auge

бідон молока
pot à lait

мішок
grand sac

паркан
clôture

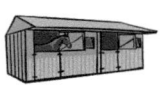
хлів
écurie

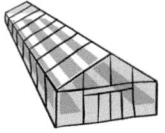
теплиця
serre

ґрунт
sol

насіння
graines

добриво
engrais

комбайн
moissonneuse-batteuse

пожинати
récolter

урожай
récolte

корінь ямсу
igname

пшениця
blé

соя
soja

картопля
pomme de terre

кукурудза
maïs

ріпак
graine de colza

плодове дерево
arbre fruitier

маніок
manioc

злаки
grains

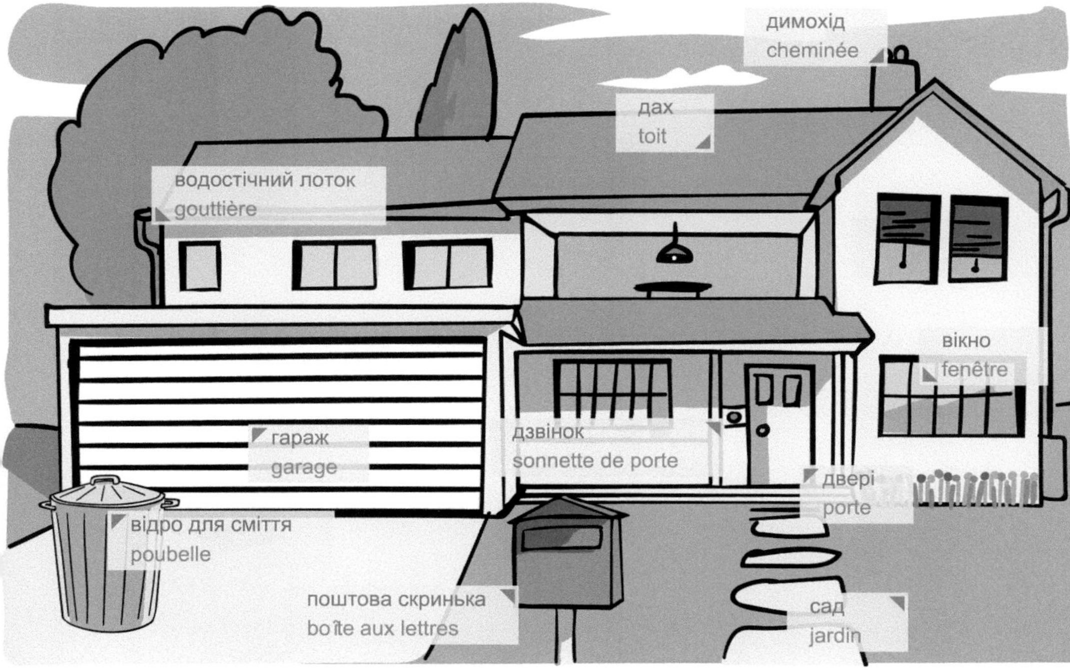

дім
maison

димохід
cheminée

дах
toit

водостічний лоток
gouttière

вікно
fenêtre

гараж
garage

дзвінок
sonnette de porte

двері
porte

відро для сміття
poubelle

поштова скринька
boîte aux lettres

сад
jardin

вітальня
salle de séjour

ванна кімната
salle de bains

кухня
cuisine

спальня
chambre à coucher

дитяча кімната
chambre d'enfant

їдальня
salle à manger

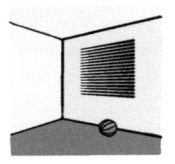
підлога
plancher

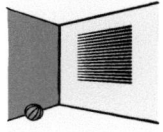
стіна
mur

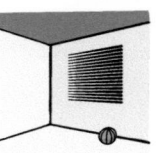
стеля
plafond

підвал
cellier

сауна
sauna

балкон
balcon

тераса
terrasse

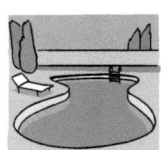
басейн
piscine

косарка
tondeuse à gazon

простирало
drap

ковдра
jeté de lit

ліжко
lit

мітла
balai

відро
seau

перемикач
interrupteur

дім - maison

вітальня
salle de séjour

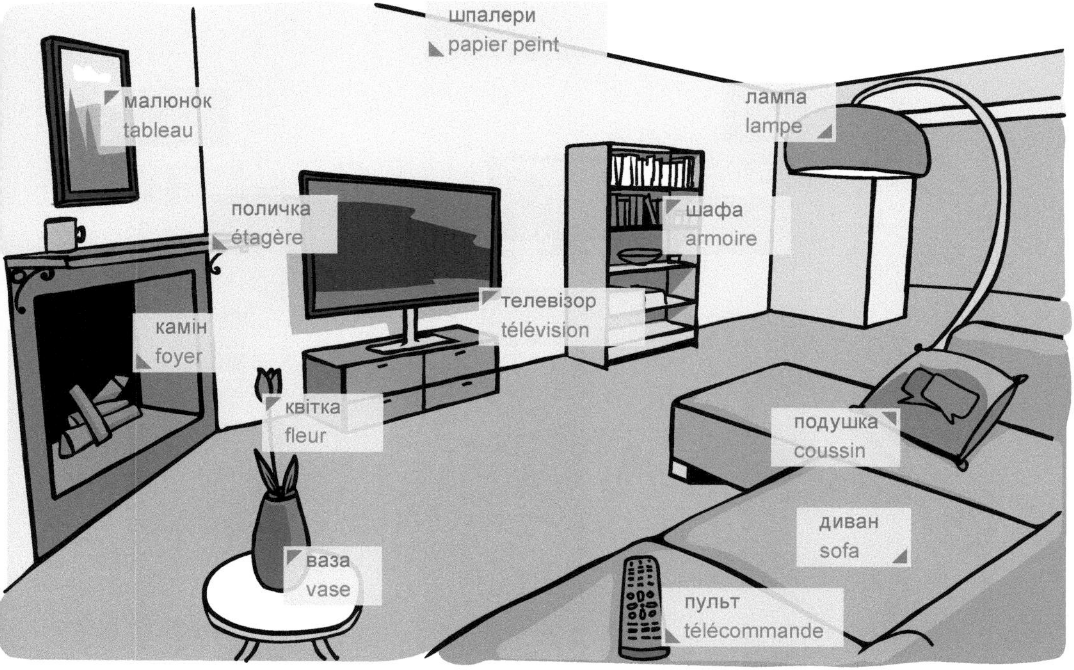

- шпалери — papier peint
- малюнок — tableau
- лампа — lampe
- поличка — étagère
- шафа — armoire
- камін — foyer
- телевізор — télévision
- квітка — fleur
- подушка — coussin
- ваза — vase
- диван — sofa
- пульт — télécommande

килим
tapis

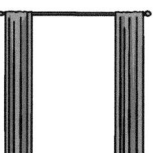

завіса
rideau

стіл
table

стілець
chaise

крісло-гойдалка
berceuse

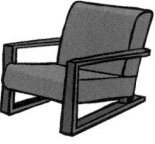

крісло
fauteuil

книга
livre

ковдра
couverte

прикраса
décoration

дрова
bois de chauffage

фільм
film

стереосистема
chaîne hi-fi

ключ
clé

газета
journal

картина
peinture

плакат
affiche

радіо
radio

блокнот
bloc-notes

пилосос
aspirateur

кактус
cactus

свічка
chandelle

вітальня - salle de séjour

кухня
cuisine

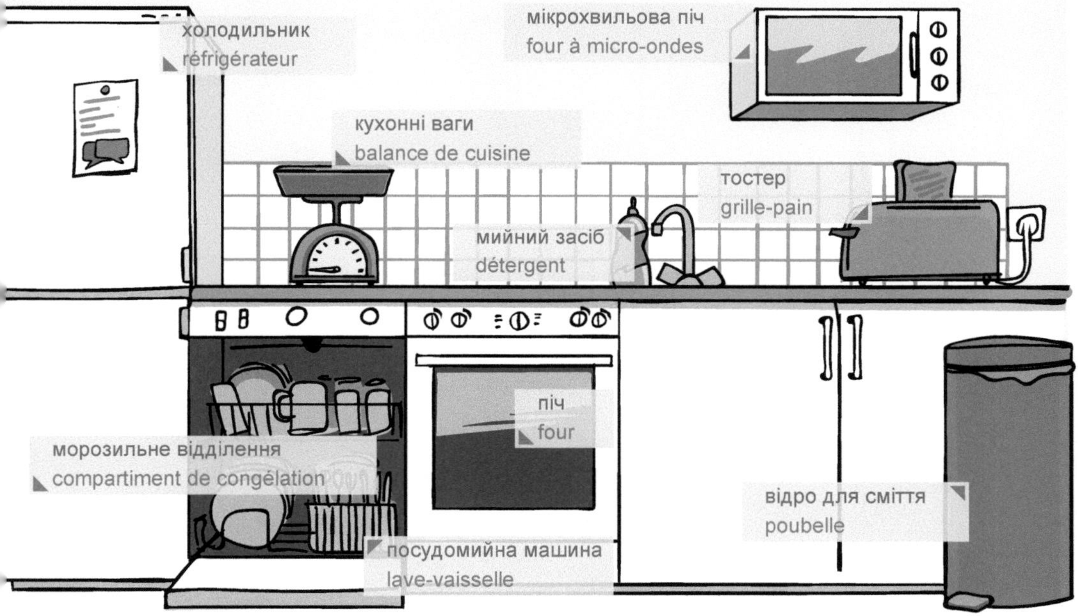

- холодильник / réfrigérateur
- мікрохвильова піч / four à micro-ondes
- кухонні ваги / balance de cuisine
- тостер / grille-pain
- мийний засіб / détergent
- піч / four
- морозильне відділення / compartiment de congélation
- посудомийна машина / lave-vaisselle
- відро для сміття / poubelle

плита
cuisinière

горщик
marmite

чавунний горщик
cocotte en fonte

вок / кадай
wok / kadai

сковорода
poêle

чайник
bouilloire

пароварка
cuiseur à vapeur

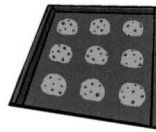

лист
plaque à pâtisserie

посуд
vaisselle

кухоль
grande tasse

чаша
bol

палички для їжі
baguettes

черпак
louche

лопатка
spatule

вінчик для збивання
fouet

сито
passoire

сито
tamis

терка
râpe

ступка
mortier

барбекю
barbecue

багаття
foyer

кухня - cuisine

дошка
planche à découper

качалка
rouleau à pâtisserie

штопор
tire-bouchon

конзерва
boîte à conserves

відкривачка
ouvre-boîte

прихватки
mitaine de four

раковина
évier

щітка
brosse

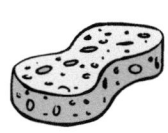

губка
éponge

міксер
mélangeur

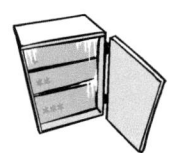

морозильна камера
congélateur

дитяча пляшка
biberon

кран
robinet

кухня - cuisine

ванна кімната
salle de bains

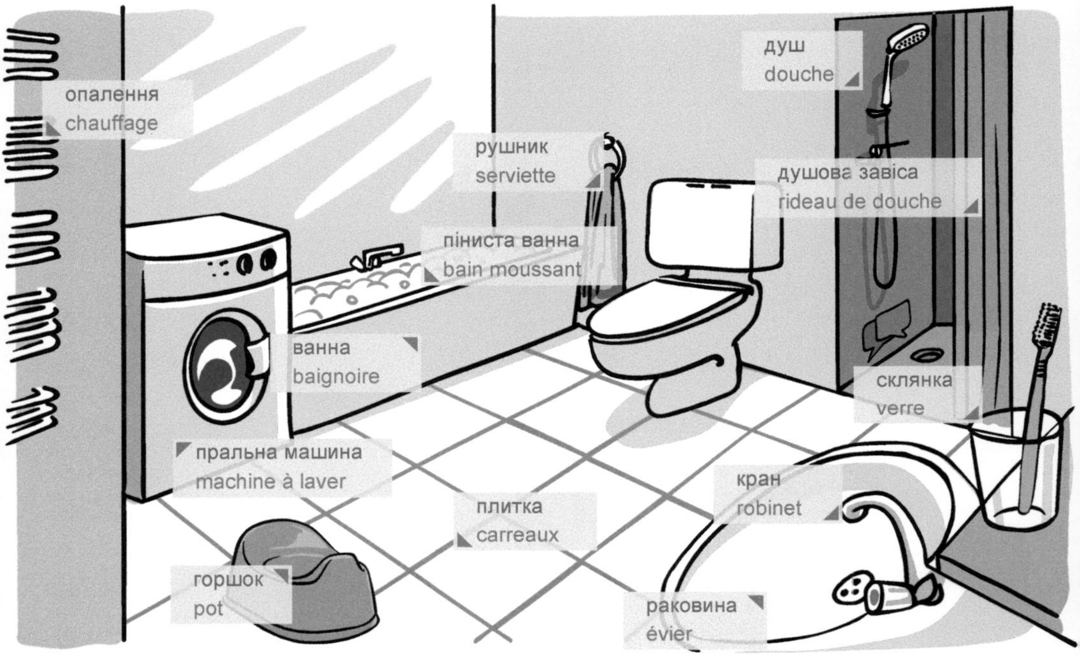

туалет toilette	підлоговий туалет toilette turque	біде bidet
пісуар urinoir	туалетний папір papier hygiénique	щітка для туалету brosse à toilette

зубна щітка

brosse à dents

зубна паста

dentifrice

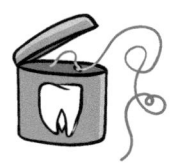

нитка для чищення зубів

soie dentaire

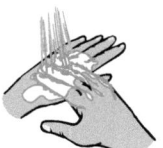

мити

laver

ручний душ

douchette

інтимний душ

douche vaginale

таз

cuvette

щітка для спини

brosse pour le dos

мило

savon

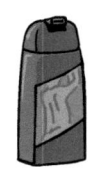

гель для душу

gel douche

шампунь

shampoing

мочалка

débarbouillette

водостік

drain

крем

crème

дезодорант

déodorant

ванна кімната - salle de bains

дзеркало
miroir

косметичне дзеркало
miroir à main

бритва
rasoir

піна для гоління
mousse à raser

лосьйон після гоління
après-rasage

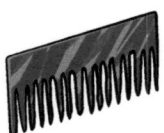
гребінь
peigne

щітка
brosse

фен
sèche-cheveux

лак для волосся
laque

косметика
maquillage

губна помада
rouge à lèvres

лак для нігтів
vernis à ongles

вата
ouate

ножиці для нігтів
ciseaux à ongles

парфум
parfum

ванна кімната - salle de bains

косметичка
trousse de toilette

табурет
tabouret

ваги
pèse-personne

халат
peignoir

гумові рукавички
gants de caoutchouc

тампон
tampon

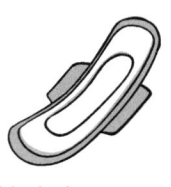
гігієнічні прокладки
serviette hygiénique

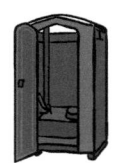
біотуалет
toilette chimique

дитяча кімната

chambre d'enfant

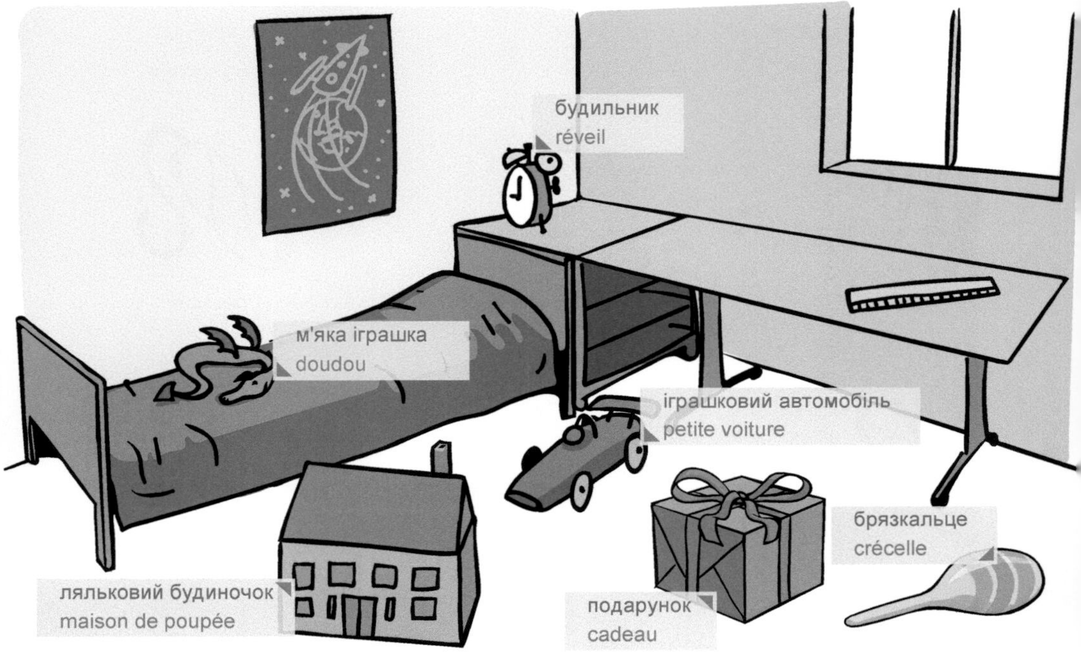

будильник
réveil
м'яка іграшка
doudou
іграшковий автомобіль
petite voiture
брязкальце
crécelle
ляльковий будиночок
maison de poupée
подарунок
cadeau

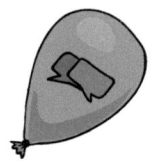

повітряна кулька

ballon

ліжко

lit

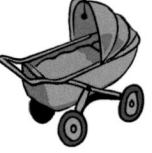

дитячий візок

landau

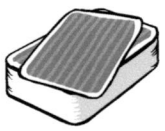

картярська гра

jeu de cartes

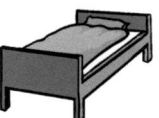

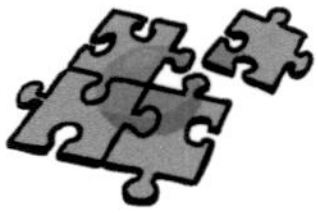

пазл

casse-tête

SUPER
MEGA

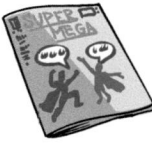

комікс

bande dessinée

лего цеглинки

blocs LEGO

блоки

jeu de briques

іграшкова фігурка

figurine articulée

повзунки

dormeuse

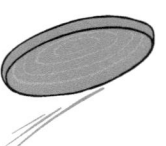

фризбі

disque volant

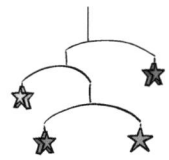

мобіле

mobile

настільна гра

jeu de société

кубик

dé

модель залізнична станція

ensemble de modèles de train

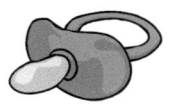

соска

mannequin

вечірка

fête

книжка з картинками

livre d'images

м'яч

balle

лялька

poupée

грати

jouer

дитяча кімната - chambre d'enfant

пісочниця

bac à sable

гойдалка

balançoire

іграшка

jouets

гральна консоль

console de jeu vidéo

триколісний велосипед

tricycle

плюшевий мішка

ours en peluche

шафа

garde-robe

одяг
vêtements

шкарпетки

chaussettes

панчохи

bas

колготки

collant

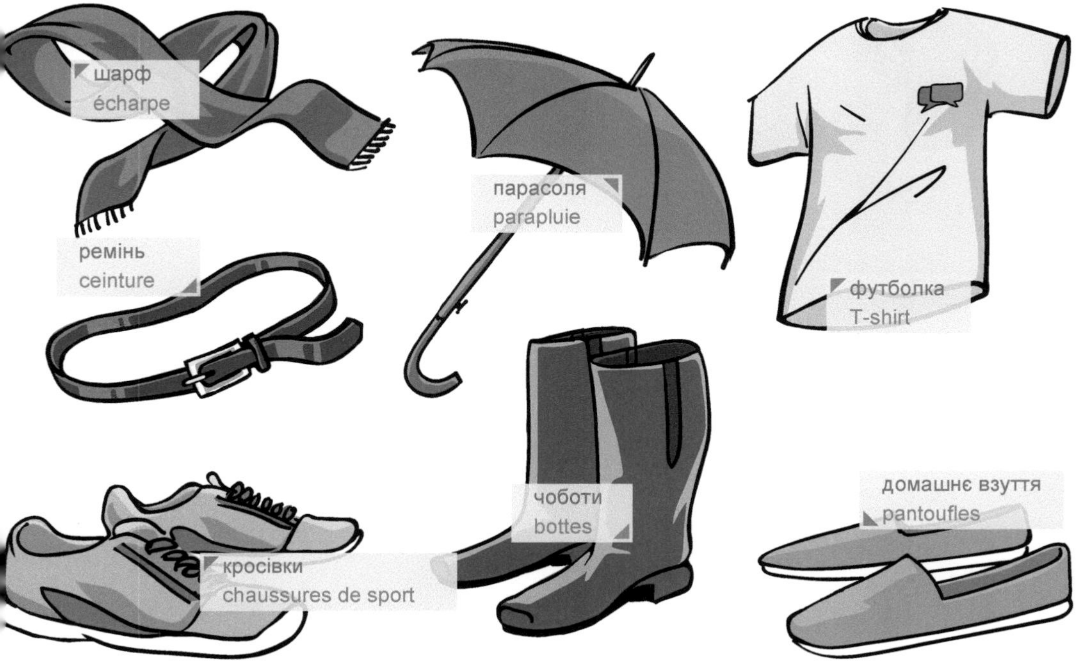

шарф
écharpe

парасоля
parapluie

футболка
T-shirt

ремінь
ceinture

чоботи
bottes

домашнє взуття
pantoufles

кросівки
chaussures de sport

сандалі
sandales

взуття
souliers

гумові чоботи
bottes de caoutchouc

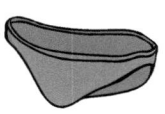

труси
sous-vêtements

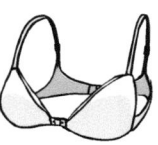

бюстгальтер
soutien-gorge

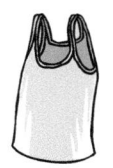

нижня сорочка
gilet

одяг - vêtements

боді
body

штани
pantalon

джинси
jean

спідниця
jupe

блузка
chemisier

сорочка
chemise

пуловер
chandail

светр
chandail à capuche

піджак
blazer

куртка
veste

пальто
manteau

дощовик
manteau de pluie

костюм
complet

сукня
robe

весільна сукня
robe de mariée

костюм

tailleur

нічна сорочка

chemise de nuit

піжама

pyjama

сарі

sari

головна хустка

foulard

чалма

turban

бурка

burqa

кафтан

cafetan

абая

abaya

купальник

maillot de bain

плавки

maillot short

шорти

culotte courte

тренувальний костюм

survêtement

фартух

tablier

рукавички

mitaines

одяг - vêtements

гудзик

bouton

окуляри

lunettes

браслет

bracelet

ланцюг

collier

кільце

bague

сережка

boucle d'oreille

шапка

tuque

плічка

cintre

капелюх

chapeau

краватка

cravate

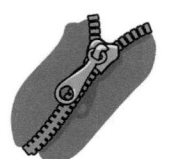

застібка-блискавка

fermeture à glissière

шолом

casque

підтяжки

bretelles

шкільна форма

uniforme scolaire

уніформа

uniforme

одяг - vêtements

нагрудник
bavoir

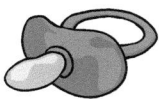
соска
mannequin

підгузок
couche

офіс
bureau

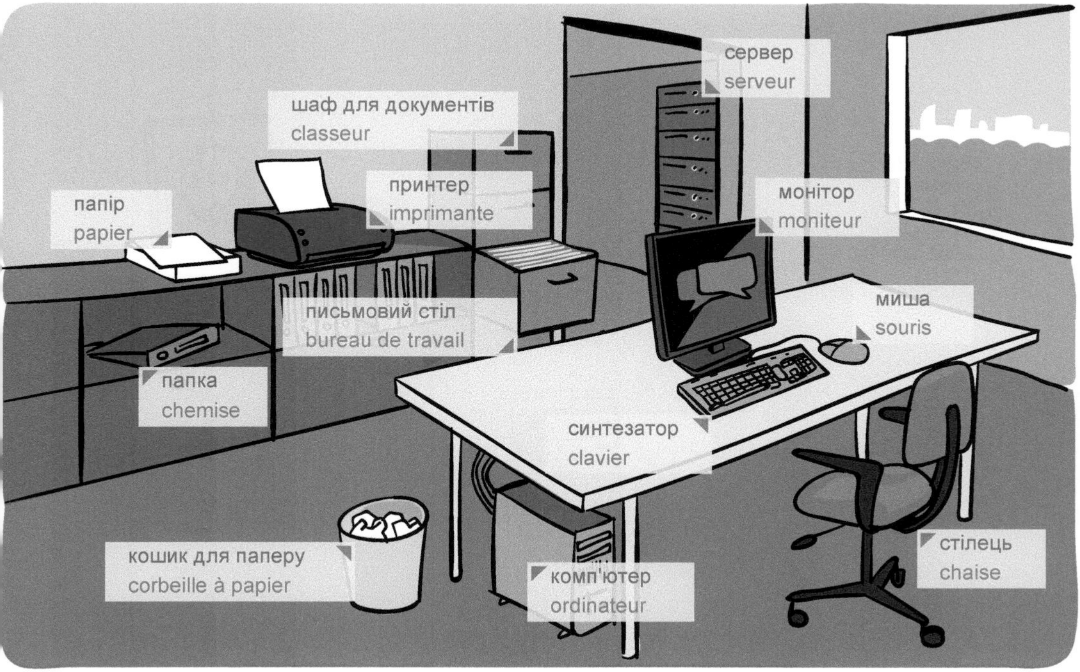

- шаф для документів — classeur
- принтер — imprimante
- сервер — serveur
- монітор — moniteur
- папір — papier
- миша — souris
- письмовий стіл — bureau de travail
- папка — chemise
- синтезатор — clavier
- кошик для паперу — corbeille à papier
- комп'ютер — ordinateur
- стілець — chaise

кавовий кухоль
grande tasse à café

калькулятор
calculatrice

інтернет
Internet

ноутбук
ordinateur portable

лист
lettre

повідомлення
message

мобільний телефон
téléphone cellulaire

мережа
réseau

копіювальний пристрій
photocopieur

програмне забезпечення
logiciel

телефон
téléphone

розетка
prise de courant

факс
télécopieur

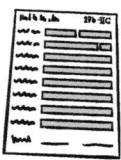
бланк
formulaire

документ
document

економіка
économie

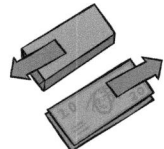

купувати
acheter

платити
payer

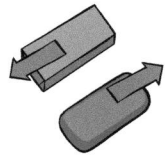

торгувати
commercer

гроші
argent

долар
dollar

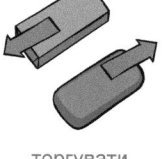

євро
euro

ієна
yen

рубль
rouble

франк
franc suisse

юанів женьміньбі
renminbi yuan

рупія
roupie

банкомат
distributeur de billets

обмінний пункт
bureau de change

золото
or

срібло
argent

нафта
pétrole

енергія
énergie

ціна
prix

контракт
contrat

податок
taxe

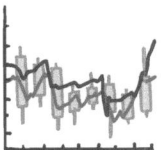

акція
actions

працювати
travailler

працівник
employé

роботодавець
employeur

фабрика
usine

магазин
magasin

економіка - économie

професії
professions

поліцейський
agent de police

пожежник
pompier

повар
cuisinier

лікар
docteur

пілот
pilote

садівник
jardinier

столяр
charpentier

швачка
couturier

суддя
juge

хімік
pharmacien

актор
acteur

водій автобуса
chauffeur d'autobus

таксист
chauffeur de taxi

рибалка
pêcheur

прибиральниця
femme de ménage

покрівельник
couvreur

офіціант
serveur

мисливець
chasseur

художник
peintre

пекар
boulanger

електрик
électricien

будівельник
constructeur de bâtiments

інженер
ingénieur

забійник
boucher

бляхар
plombier

листоноша
facteur

солдат
soldat

архітектор
architecte

касир
caissier

флорист
fleuriste

перукар
coiffeur

кондуктор
chef de train

механік
mécanicien

капітан
capitaine

дантист
dentiste

вчений
scientifique

рабин
rabbin

імам
imam

монах
moine

пастор
ecclésiastique

професії - professions

інструменти
outils

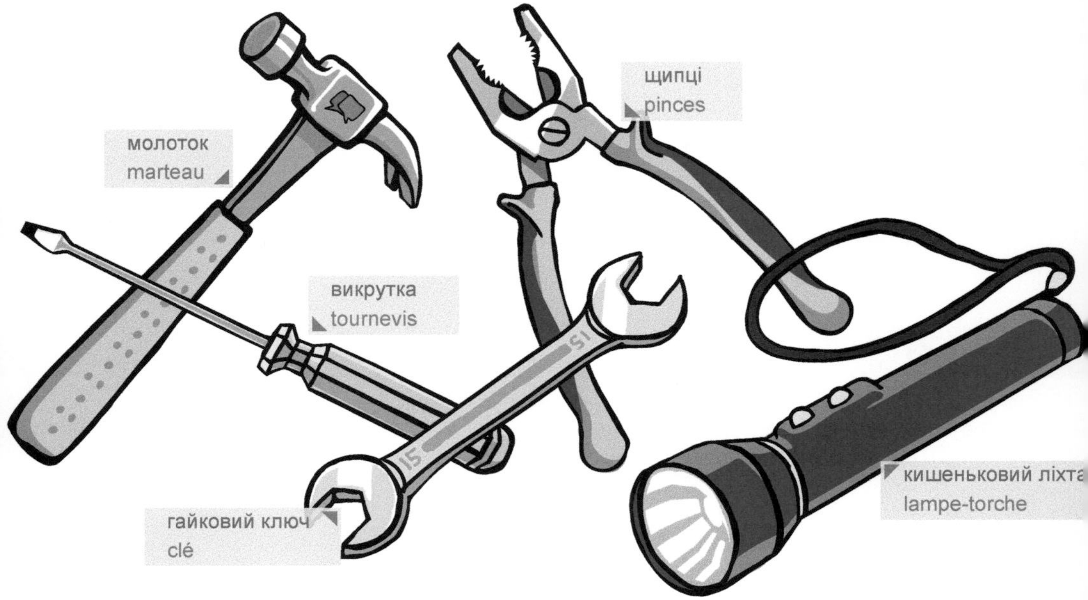

молоток / marteau

щипці / pinces

викрутка / tournevis

гайковий ключ / clé

кишеньковий ліхтар / lampe-torche

екскаватор
excavatrice

ящик для інструментів
boîte à outils

драбина
échelle

пилка
scie

цвяхи
clous

свердло
perceuse

ремонтувати
réparer

лопата
pelle

лайно!
tabarnouche

совок
pelle à poussière

відро з фарбою
pot de peinture

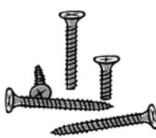
гвинти
vis

музичні інструменти
instruments de musique

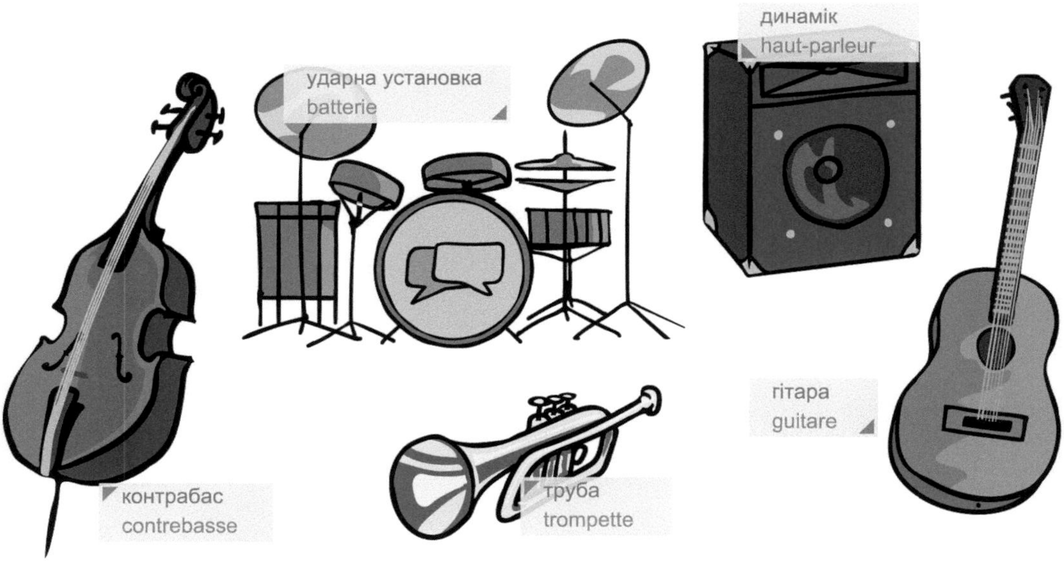

динамік
haut-parleur

ударна установка
batterie

гітара
guitare

контрабас
contrebasse

труба
trompette

фортепіано

piano

скрипка

violon

бас

basse

литаври

timbales

барабан

tambour

клавіатура

synthétiseur

саксофон

saxophone

флейта

flûte

мікрофон

microphone

музичні інструменти - instruments de musique

зоопарк
zoo

- вхід / entrée
- тигр / tigre
- клітка / cage
- зебра / zèbre
- корм / nourriture pour animaux
- панда / panda

тварини
animaux

слон
éléphant

кенгуру
kangourou

носоріг
rhinocéros

горила
gorille

ведмідь
ours

верблюд
chameau

страус
autruche

лев
lion

мавпа
singe

фламінго
flamand rose

папуга
perroquet

білий ведмідь
ours polaire

пінгвін
pingouin

акула
requin

павич
paon

змія
serpent

крокодил
crocodile

працівник зоопарку
gardien de zoo

тюлень
phoque

ягуар
jaguar

поні
poney

леопард
léopard

гіпопотам
hippopotame

жираф
girafe

орел
aigle

кабан
sanglier

риба
poisson

черепаха
tortue

морж
morse

лисиця
renard

газель
gazelle

спорт
sports

спорт - sports

дії
activités

дії - activités

мати
avoir

робити
faire

бути
être

стояти
être debout

бігати
courir

тягнути
tirer

кидати
jeter

падати
tomber

лежати
s'allonger

очікувати
attendre

носити
porter

сидіти
s'asseoir

одягати
s'habiller

спати
dormir

просипатися
se réveiller

дії - activités

дивитися
regarder

плакати
pleurer

гладити
caresser

розчісувати
peigner

розмовляти
parler

розуміти
comprendre

питати
demander

слухати
écouter

пити
boire

їсти
manger

прибирати
ranger

любити
aimer

варити
cuisiner

їхати
conduire

літати
voler

дії - activités

йти під вітрилом
faire de la voile

рахувати
calculer

читати
lire

вчитися
apprendre

працювати
travailler

одружуватися
se marier

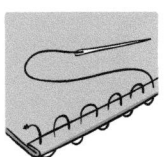

шити
coudre

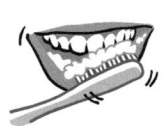

чистити зуби
brosser les dents

убивати
tuer

курити
fumer

посилати
envoyer

сім'я
famille

гість

invité

тітка

tante

дядько

oncle

брат

frère

сестра

sœur

sім'я - famille

тіло
corps

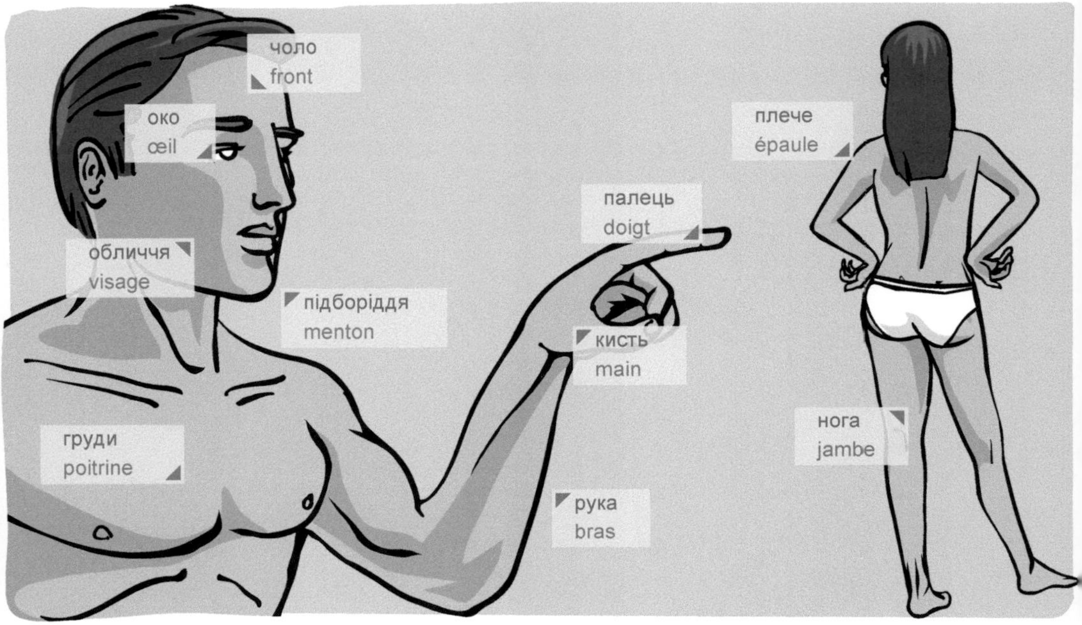

чоло / front
око / œil
обличчя / visage
підборіддя / menton
груди / poitrine
плече / épaule
палець / doigt
кисть / main
рука / bras
нога / jambe

немовля
bébé

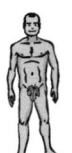

чоловік
homme

жінка
femme

дівчина
fille

хлопчик
garçon

голова
tête

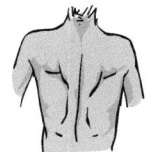

спина

dos

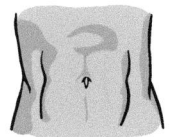

живіт

ventre

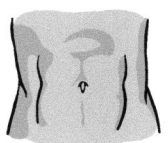

пуп

nombril

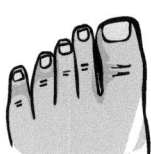

палець ноги

orteil

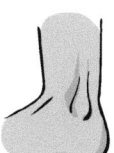

п'ята

talon

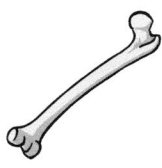

кістка

os

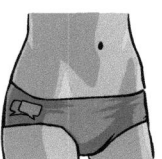

стегно

hanche

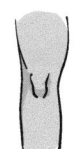

коліно

genou

лікоть

coude

ніс

nez

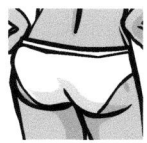

сідниці

derrière

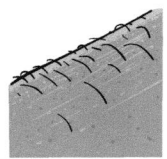

шкіра

peau

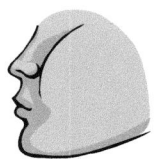

щока

joue

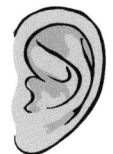

вухо

oreille

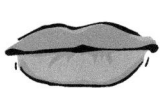

губа

lèvre

тіло - corps

рот
bouche

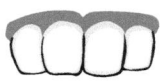

зуб
dent

язик
langue

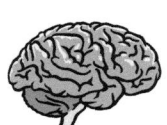

мозок
cerveau

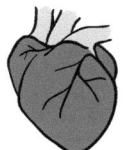

серце
cœur

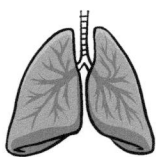

м'яз
muscle

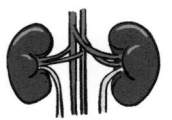

легені
poumon

печінка
foie

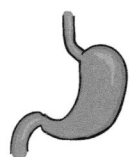

шлунок
estomac

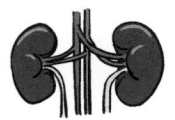

нирки
reins

статевий акт
rapport sexuel

презерватив
condom

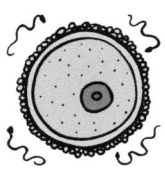

яйцеклітина
ovule

сперма
sperme

вагітність
grossesse

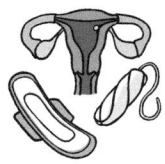
менструація
menstruation

вагіна
vagin

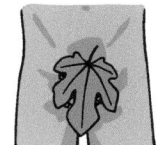
пеніс
pénis

брова
sourcil

волосся
cheveux

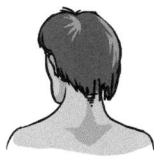
шия
cou

лікарня
hôpital

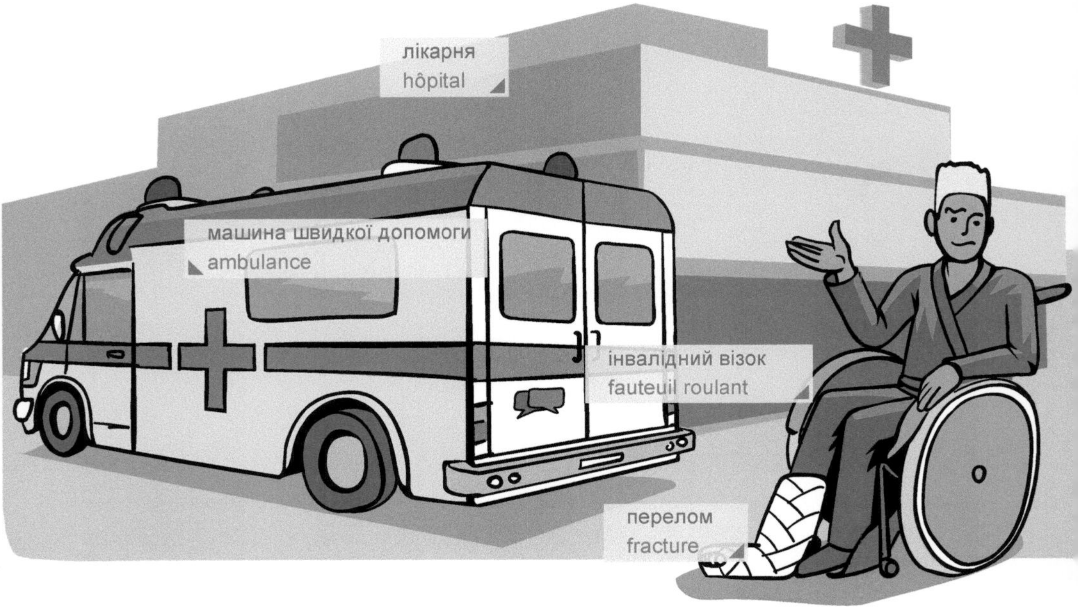

лікарня / hôpital

машина швидкої допомоги / ambulance

інвалідний візок / fauteuil roulant

перелом / fracture

лікар
docteur

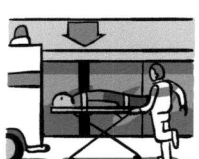

відділення швидкої медичної допомоги
salle des urgences

медсестра
infrmier

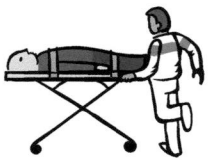

аварійний випадок
urgence

непритомний
inconscient

біль
douleur

травма
blessure

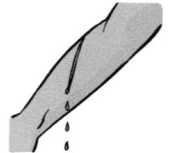
кровотеча
saignement

інфаркт
crise cardiaque

інсульт
AVC

алергія
allergie

кашель
toux

лихоманка
fièvre

грип
grippe

пронос
diarrhée

головна біль
mal de tête

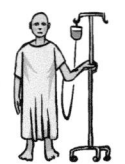
рак
cancer

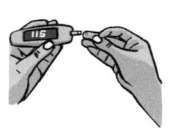
діабет
diabète

хірург
chirurgien

скальпель
scalpel

операція
opération

лікарня - hôpital

КТ
tomodensitométrie

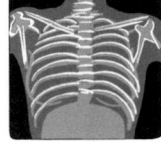
рентген
radiographie

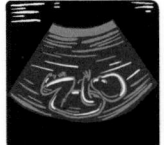
ультразвук
ultrason

маска
masque

хвороба
maladie

зал очікування
salle d'attente

милиця
béquille

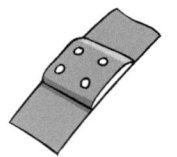
пластир
sparadrap

пов'язка
bandage

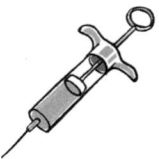
ін'єкція
injection

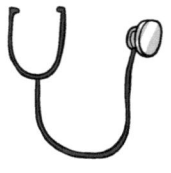
стетоскоп
stéthoscope

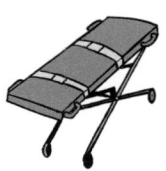
ноші
brancard

термометр
thermomètre médical

народження
accouchement

надмірна вага
excès de poids

лікарня - hôpital

слуховий апарат
appareil auditif

дезінфікуючий засіб
désinfectant

інфекція
infection

вірус
virus

ВІЛ / СНІД
VIH / Sida

медицина
médicament

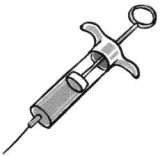
вакцинація
vaccination

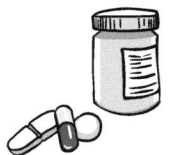
таблетки
comprimés

протизаплідна пігулка
pilule

екстрений виклик
appel d'urgence

тонометр
tensiomètre

хворий / здоровий
malade / en bonne santé

аварійний випадок
urgence

Допоможіть!
Au secours !

сигнал тривоги
alarme

напад
assaut

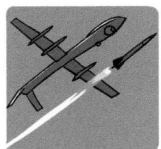

атака
attaque

небезпека
danger

аварійний вихід
sortie de secours

Вогонь!
Au feu !

вогнегасник
extincteur

аварія
accident

аптечка
trousse de premiers soins

СОС
SOS

поліція
police

Земля
Terre

Європа
Europe

Північна Америка
Amérique du Nord

Південна Америка
Amérique du Sud

Африка
Afrique

Азія
Asie

Австралія
Australie

Атлантика
océan Atlantique

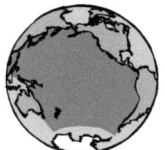
Тихий океан
océan Pacifique

Індійський океан
océan Indien

Антарктичний океан
océan Antarctique

Північний Льодовитий океан
océan Arctique

Північний полюс
Pôle Nord

Південний полюс	Антарктика	Земля
Pôle Sud	Antarctique	Terre

  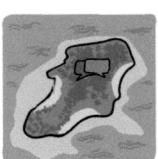

суша	море	острів
terre	mer	île

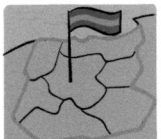 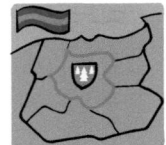

нація	держава
nation	État

годинник
heure

циферблат
cadran

годинникова стрілка
aiguille des heures

хвилинна стрілка
aiguille des minutes

секундна стрілка
aiguille des secondes

Котра година?
Quelle heure est-il ?

день
jour

час
temps

зараз
maintenant

цифровий годинник
montre à affichage numérique

хвилина
minute

година
heure

тиждень
semaine

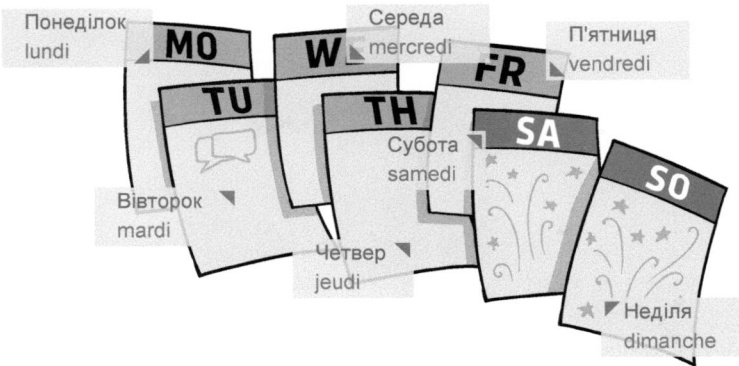

Понеділок — lundi
Середа — mercredi
П'ятниця — vendredi
Вівторок — mardi
Четвер — jeudi
Субота — samedi
Неділя — dimanche

вчора
hier

сьогодні
aujourd'hui

завтра
demain

ранок
matin

опівдні
midi

вечір
soir

робочі дні
jours ouvrables

кінець робочого тижня
fin de semaine

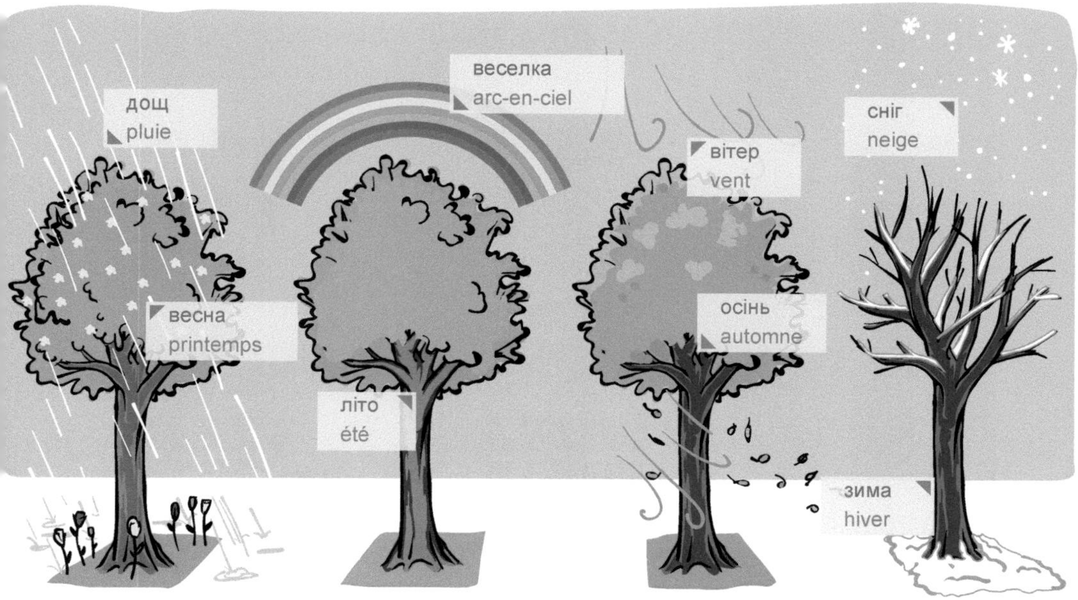

рік
année

дощ
pluie

веселка
arc-en-ciel

вітер
vent

сніг
neige

весна
printemps

осінь
automne

літо
été

зима
hiver

прогноз погоди
prévisions météorologiques

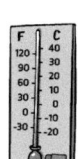

термометр
thermomètre

сонячне світло
rayons du soleil

хмара
nuage

туман
brouillard

вологість повітря
humidité

блискавка
foudre

грім
tonnerre

шторм
tempête

град
grêle

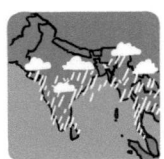
мусон
mousson

повінь
inondation

лід
glace

Січень
janvier

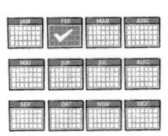
Лютий
février

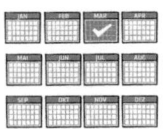
Березень
mars

Квітень
avril

Травень
mai

Червень
juin

Липень
juillet

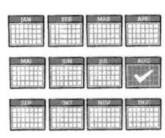
Серпень
août

Вересень
septembre

Жовтень
octobre

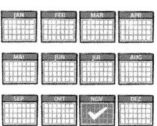
Листопад
novembre

Грудень
décembre

форми
formes

круг
cercle

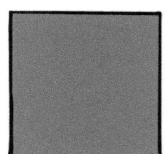
квадрат
carré

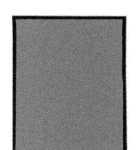
прямокутник
rectangle

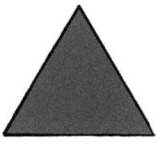
трикутник
triangle

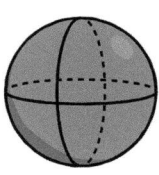
куля
sphère

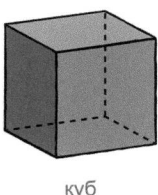
куб
cube

фарби
couleurs

білий
blanc

жовтий
jaune

помаранчевий
orange

рожевий
rose

червоний
rouge

фіолетовий
violet

синій
bleu

зелений
vert

коричневий
marron

сірий
gris

чорний
noir

протилежності
opposés

багато / мало
beaucoup / un peu

лютий / мирний
en colère / calme

гарний / бридкий
beau / laid

початок / кінець
début / fin

великий / малий
grand / petit

світлий / темний
lumineux / sombre

брат / сестра
frère / sœur

чистий / брудний
propre / sale

завершений / незавершений
complet / incomplet

день / ніч
jour / nuit

мертвий / живий
mort / vivant

широкий / вузький
large / étroit

їстівний / не їстівний

comestible / non comestible

злий / дружній

méchant / gentil

збуджений / нудьгуючий

être enthousiaste /
s'ennuyer

товстий / тонкий

gros / mince

спочатку / востаннє

premier / dernier

друг / ворог

ami / ennemi

повний / порожній

plein / vide

жорсткий / м'який

dur / mou

важкий / легкий

lourd / léger

голод / спрага

faim / soif

хворий / здоровий

malade / en bonne santé

незаконний / законний

illégal / légal

розумний / дурний

intelligent / stupide

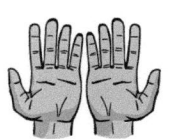

вліво / вправо

gauche / droite

поруч / далеко

proche / loin

протилежності - opposés

новий / використаний

neuf / usagé

нічого / щось

rien / quelque chose

старий / молодий

vieux / jeune

вкл / викл

marche / arrêt

відкрито / закрито

ouvert / fermé

тихо / гучно

calme / bruyant

багатий / бідний

riche / pauvre

правильно / неправильно

correct / incorrect

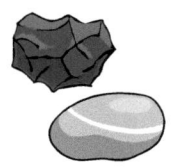

шорсткий / гладкий

rugueux / lisse

сумний / щасливий

triste / heureux

короткий / довгий

court / long

повільно / швидко

lent / rapide

вологий / сухий

mouillé / sec

гарячий / холодний

chaud / froid

війна / мир

guerre / paix

протилежності - opposés

числа
nombres

0
нуль
zéro

1
один
un

2
два
deux

3
три
trois

4
чотири
quatre

5
п'ять
cinq

6
шість
six

7
сім
sept

8
вісім
huit

9
дев'ять
neuf

10
десять
dix

11
одинадцять
onze

12
дванадцять
douze

13
тринадцять
treize

14
чотирнадцять
quatorze

15
п'ятнадцять
quinze

16
шістнадцять
seize

17
сімнадцять
dix-sept

18
вісімнадцять
dix-huit

19
дев'ятнадцять
dix-neuf

20
двадцять
vingt

100
сто
cent

1.000
тисяча
mille

1.000.000
мільйон
million

числа - nombres

МОВИ
langues

англійська
anglais

американська англійська
anglais américain

китайська
високочиновницька
chinois mandarin

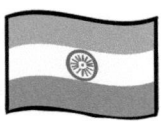
хінді
hindi

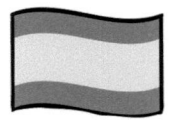
іспанська
espagnol

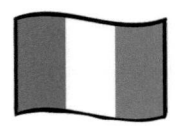
французька
français

арабська
arabe

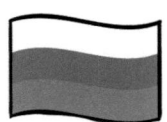
російська
russe

португальська
portugais

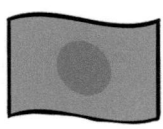
бенгальська
bengali

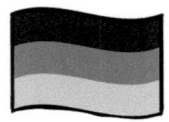
німецька
allemand

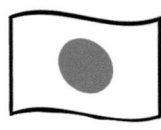
японська
japonais

хто / що / як
qui / quoi / comment

я
je

ти
tu

він / вона / воно
il / elle / ce, c', cela

ми
nous

ви
vous

вони
ils / elles

хто?
qui ?

що?
quoi ?

як?
comment ?

де?
où ?

коли?
quand ?

ім'я
nom

де
où

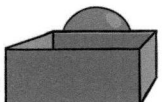

ззаду
derrière

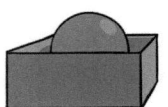

в
dans

перед
devant

над
au-dessus

на
sur

під
en dessous

біля
à côté de

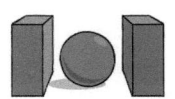

між
entre

місце
endroit